AF393267

Für Anaëlle und alle Kinder,
ob aufmerksam oder nachdenklich.
N. B.

Vielen Dank an Fred und Paul Antoine
für ihre wertvolle Hilfe.
E. B.

Die Agentur OKIDOKID hat mit ihrer Kreativität an der Entstehung dieses Buches mitgewirkt.

Titel des Originals: *L'oeil du detective. Aux 4 coins du monde* (Assimil France 2020)
Deutschsprachige Fassung: Daniel Krasa

Gedruckt in Rumänien bei Tipografia Real, Bukarest

16 ZWEISPRACHIGE KRIMINALFÄLLE, UM MIT SPASS ENGLISCH ZU LERNEN

Das Auge des Detektivs
Unterwegs durch die Welt
Norédine Benazdia
Élodie Balandras

assimil
KIDS & TEENS

Panik vor dem Buckingham Palace

Welcome to London! Du bist heute auf dem Weg zum Buckingham Palace. Hier lebt die Königin von England, wenn sie in London ist. Du musst dich beeilen, wenn du die königliche Wachablösung nicht verpassen willst, mit diesen Soldaten, die lustige Hüte aus Bärenfell tragen. Du bist vor den Toren … aber was ist denn hier los? So ein Durcheinander! Die Wachen rennen in alle Richtungen. Sie scheinen etwas zu suchen. Aber was genau? Finde schnell den Hauptwachmann, um herauszufinden, was los ist. Einer der Soldaten beschreibt ihn dir so:

"He has lost his bearskin. He does not have a musical instrument. He is on his knees."

Du hast ihn gefunden! Und er erklärt dir:

"The gate is locked. We do not have the key. We have lost it."

Du musst den Wachmännern unbedingt helfen, sonst kann die Wachablösung nicht stattfinden. Suche Duncan, den Zuständigen für den Schlüssel. Siehst du ihn?

**Duncan has a trumpet.
Duncan is not wearing gloves.**

Duncan erklärt dir, dass er seinem Freund Bran den Schlüssel gegeben hat. Der wollte weggehen, um sich etwas zu essen zu kaufen. Du findest ihn ganz einfach:

Bran is eating a hot dog.

Bran erzählt dir, dass er die Tore abgeschlossen hat, als er zurückkam, und den Schlüssel neben sich hingelegt hat. Aber jetzt ist er weg. Nur wenn du gut suchst, kannst du ihn finden. Eine alte Dame hat alles beobachtet! Sie sagt zu dir:

"A magpie took the key. The key is in a nest."

Bravo! Du hast deinen ersten Fall erfolgreich gemeistert und die Wachen können endlich das Tor öffnen. Platz gemacht für die Musikkappelle und die Wachablösung!

bearskin

knee

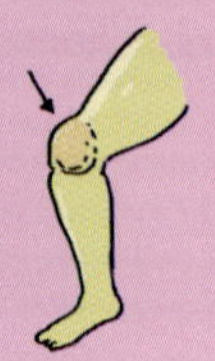
key

gate

trumpet

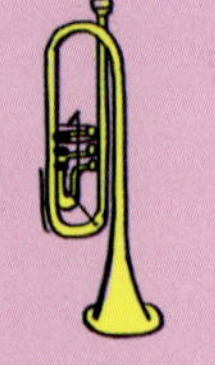
gloves

magpie

nest

Entführung
am
Eiffelturm

Oh, der Eiffelturm! Sicher hast du schon viel von ihm gehört! Du solltest jetzt unbedingt die Metalltreppen hinaufsteigen. Hier bist du den Wolken ganz nah und kannst zu deinen Füßen ganz Paris bewundern. Aber plötzlich kommt eine aufgebrachte Touristin auf dich zu und schreit:

"Help! Help! Kate has disappeared! She is wearing a diamond collar! Help me!"

Die Dame hat den Entführer gesehen und kann ihn dir genau beschreiben:

"The kidnapper is wearing a blue shirt and a backpack. He has fair hair. He is climbing the stairs."

Finde ihn!

Der Entführer hat gerade seine Tat gestanden. Aber er hatte Zeit, Kate an seine Komplizin zu übergeben. So erkennst du sie:

She is wearing sunglasses. Her shoes are white. She likes Eiffel Tower balloons.

Hast du sie entdeckt? Gut gemacht! Aber Kate konnte fliehen. Sie ist wohl nicht weit weg. Wir müssen sie finden!

Kate is running after a pigeon. Surprise! Kate is a dog!

Aber wo ist das Halsband? Es ist runtergefallen und ein Junge hat es gefunden! Findest du ihn?

His cap is green. He is sitting on a bench in front of the Eiffel Tower.

Wenn du den Entführer und seine Komplizin entdeckt und Kate und ihr Diamanthalsband gefunden hast, darfst du jetzt hinauf auf den Turm steigen. Trau dich nur! Er hat zwar 1.665 Stufen, aber die Aussicht ist der Mühe wert!

collar

shirt

backpack

fair hair

sunglasses

shoes

white

balloon

pigeon

dog

cap

bench

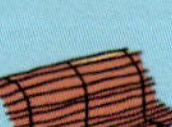
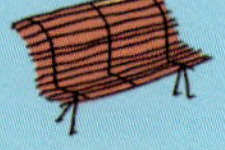
Eiffel Tower

PARIS

Wer hat den Schmuck der Königin von Spanien gestohlen?

necklace

diadem

thief

shoe

watch

wrist

vacuum cleaner

Zum allerersten Mal wird der Schmuck der Königin von Spanien in einem Museum ausgestellt. Am Tag der Eröffnung kommen viele Menschen, um diese großartige Sammlung zu bewundern. Die Diademe und Halsketten, verziert mit Diamanten, Perlen, Smaragden oder Rubinen, funkeln in tausend Farben. Aber plötzlich geht der Alarm los und die Türen verriegeln sich automatisch, so dass niemand entkommen kann. Jemand hat die Edelsteine der Königin gestohlen!

Da du auf der ganzen Welt für deine Fähigkeiten als Detektiv berühmt bist, übergibt dir der Aufseher den Fall.

"A necklace and a diadem are missing. Please help us find them."

Der Aufseher hat sich die Bilder der Überwachungskamera angesehen. Leider zeigt der Dieb nie sein Gesicht. Wir sehen ihn nur heimlich vorbeigehen. Folgendes weiß der Aufseher über ihn:

The thief is wearing white shoes and has a watch on his right wrist.

Hast du ihn entdeckt? Du musst ihn nur noch mit Handschellen fesseln. Aber wo sind die Juwelen? Der Dieb hat sie nicht bei sich. Als er erkennt, dass er nicht mehr entkommen kann, gesteht er:

"The jewels are hidden in the vacuum cleaner."

Die Ausstellung kann wiedereröffnet werden und du kannst den Schmuck jetzt endlich aus nächster Nähe bewundern. Schau, da kommt eine königliche Wache auf dich zu. Um dir zu danken, lädt die Königin dich ein, in ihrem Schloss zu speisen! Was für ein Glück du hast!

FALL NR. 4

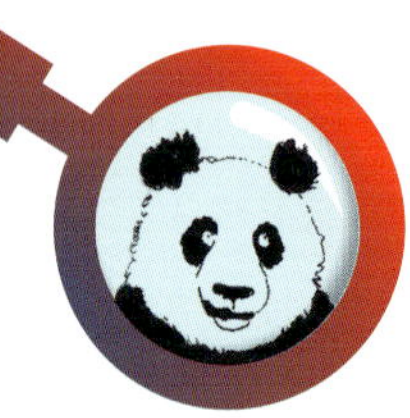

Wo ist der Panda des Pekinger Zoos abgeblieben?

NEED SOME HELP?

swing

to climb (climbed, climbed)

ice cream

handbag

umbrella

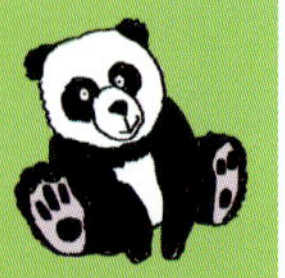

cuddly panda toy

lollipop

Der Pekinger Zoo ist beeindruckend! Und du willst unbedingt die Riesenpandas sehen. Diese schwarz-weißen Tiere leben in freier Wildbahn nur in China.

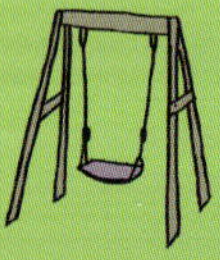

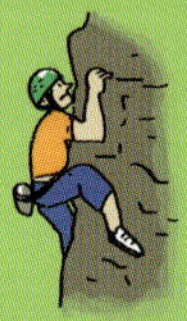

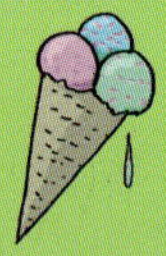

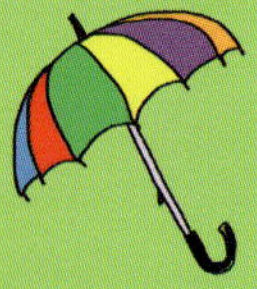

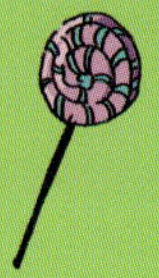

Der Direktor erklärt auf Englisch, dass Ping Ping, Chi Chi und Xing Xing die ersten Pandas im Zoo waren und dass sie 1955 hier ankamen. Er zeigt Bilder von ihnen an der Wand. So unterscheidet man sie:

Ping Ping is eating. Chi Chi is standing.
Xing Xing is sitting.

Hast du sie erkannt?

Heute gibt es im Gehege mehrere Pandas zu entdecken: Da Di, Jini und Meng Meng.

Da Di is playing on the swing.
Jini is eating bamboo.
Meng Meng is climbing on the platform.

Sie sind so niedlich! Aber es sollten eigentlich vier sein ... Der Tierpfleger ruft:

"Where is Gu Gu?"

Der Panda Gu Gu ist schon wieder ausgebüxt! Hilf den Tierpflegern, ihn zu finden. Es ist einfach. Eine Dame gibt dir Tipps, denen du folgen kannst:

"Find an ice cream, a handbag and a man with an umbrella."

Aber du musst noch weitersuchen. Glücklicherweise sagt dir der Plüschtierverkäufer:

"Gu Gu is among the cuddly panda toys. He is holding a lollipop."

Super! Du hast ihn gefunden! Gu Gu wird wieder mit seinen Freunden im Gehege zusammen sein. Und du kannst endlich diesen gigantischen Zoo weiter erkunden, in dem mehr als 450 Tierarten leben.

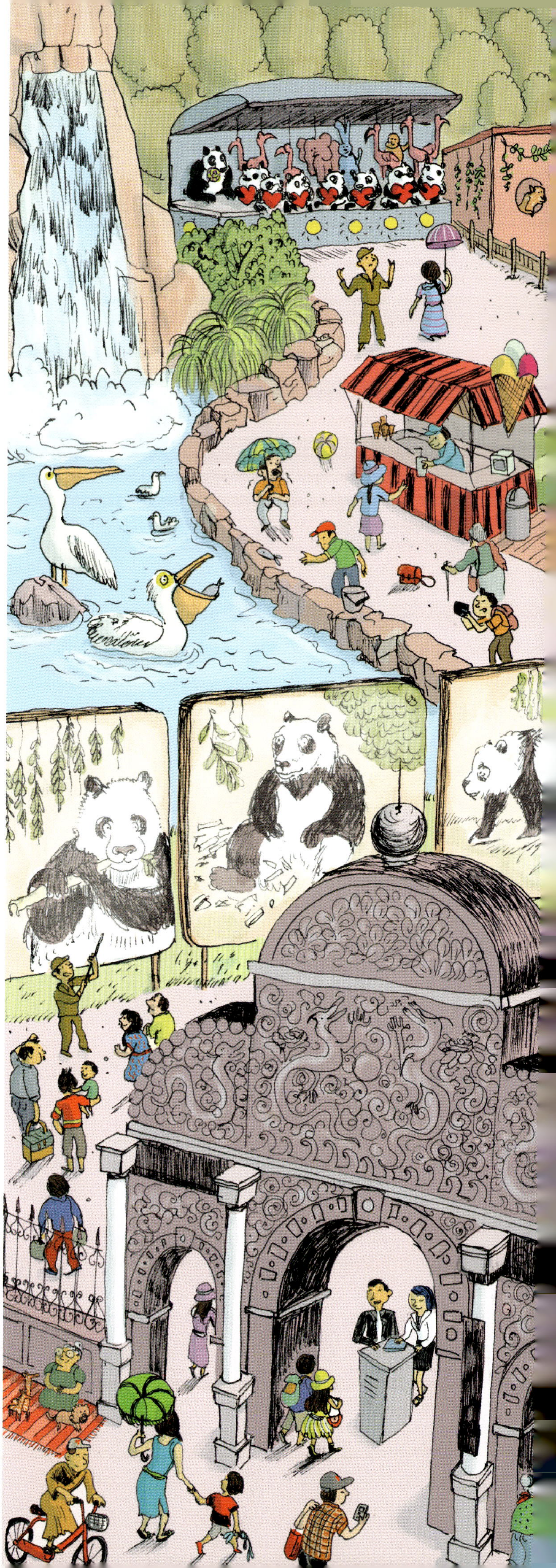

Geheimnis in Venedig

maskmaker

right

lamppost

nose

ginger

cat

to fall
(fell, fallen)

Was für ein Glück, dass du während des berühmtesten Karnevals Italiens in Venedig sein kannst! Er besteht seit fast 1.000 Jahren und zieht jährlich Millionen von Besuchern aus der ganzen Welt an. Jeder trägt eine Maske, denn das ist Tradition. Nur du hast noch keine. Du fragst also einen als Vogel verkleideten Mann, wo du eine Maske in guter Qualität bekommen kannst und er antwortet:

"My maskmaker is the best.
She makes all her masks herself.
She is near a lamppost."

Großartig! Genau das hast du gesucht. Dies sind die Informationen, die er dir gibt, um die Maskenherstellerin zu erkennen:

"She is standing on the right side
and is wearing a white mask with
a long nose."

Dank seiner Beschreibung kannst du sie leicht erkennen. Das Problem ist, dass sie nichts mehr zu verkaufen hat! Alle ihre Masken sind wie von Zauberhand verschwunden. Sie waren dort, direkt vor ihr, und im nächsten Moment waren die Masken nicht mehr da. Ein Mann ergreift das Wort und erklärt:

"A ginger cat was chasing away a pigeon
and pushed the masks into the canal.
Luckily, the masks fell into a blue
gondola!"

Ja, das sind die Masken der Verkäuferin, die du gerade gefunden hast. Du hast das Rätsel gelöst. Als Dankeschön bietet dir die Verkäuferin eine Maske deiner Wahl an. Juhu! Der Karneval kann beginnen!

Verschwunden am Grand Canyon

tall

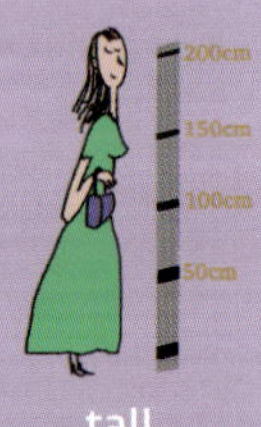

fair hair

jacket

shorts

cap

wife

to switch
(switched,
switched)

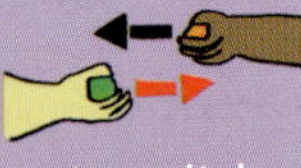

clothes

skirt

Wow! Der Grand Canyon! Diese von der Zeit und dem Colorado River geformte Landschaft ist atemberaubend schön. Der Canyon beeindruckt dich durch seine gewaltige Größe. Während du die Aussicht genießt, bemerkst du irgendein Durcheinander hinter dir. Ein Mann ruft:

"Where is Sarah?"

Seine Frau ist verschwunden. Aber man weiß nicht wohin! Sie muss in der Menschenmenge sein. Also beschließt du, ihm zu helfen und seine Frau zu finden. So sieht sie aus:

**She is tall with fair hair.
She is wearing a yellow jacket,
white shorts and a blue cap.**

Ah, du hast sie sicherlich leicht gefunden. Aber Überraschung! Als sich ihr Mann nähert, ruft er:

"She is not my wife!"

Donnerwetter! Warum trägt diese Frau Sarahs Kleidung? Du hast eine Idee und erklärst:

"It is a joke! She switched clothes with your wife!"

Also fragst du die Frau, welches Outfit Sarah jetzt wohl trägt und sie antwortet:

**"Sarah is wearing a white cap,
a blue jacket and a white skirt!"**

Mit diesen neuen Informationen dauert es nicht lange, bis du Sarah findest. Sie hat einem Kind geholfen, die Landschaft anzusehen. Dabei hat sie total den Streich vergessen, den sie ihrem Ehemann spielen wollte, indem sie ihre Kleidung mit der ihrer neuen Freundin ausgetauscht hat. Die untergehende Sonne wirft Schatten auf die Felsen, von denen einige zwei Milliarden Jahre alt sind. Jetzt darfst auch du endlich diese wunderbare Kulisse bewundern.

Riesenpanne in der New Yorker U-Bahn

delayed

breakdown

toolbox

trousers

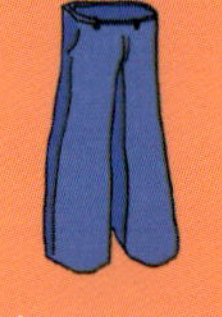

polo shirt

brown

screwdriver

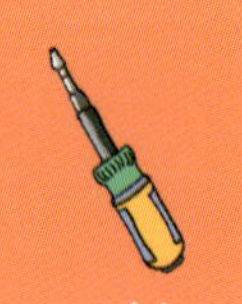

fire extinguisher

Man sollte New York nicht besuchen, ohne mindestens einmal die U-Bahn zu nehmen! Es ist eines der größten Netzwerke der Welt und funktioniert das ganze Jahr über… Tag und Nacht ohne Unterbrechung! Übrigens, es ist das am häufigsten genutzte öffentliche Verkehrsmittel der Stadt … aber heute werden auf einmal alle Züge angehalten. Du hörst die Lautsprecher rauschen:

"All trains are delayed. We have a major breakdown."

Die Bahnsteige sind bereits überfüllt. Es muss etwas geschehen. Was würde ein erfolgreicher Detektiv wohl in solch einer Situation tun? Er würde natürlich mit dem U-Bahn-Fahrer sprechen! Und genau das tust du. Super Idee! Er erklärt dir den Grund für das Problem:

"I can not repair the train because someone has stolen my toolbox!"

Finde mit deinem geschulten Detektivauge den Dieb. Der Fahrer, der den Dieb flüchten sah, beschreibt ihn so:

"He is wearing blue trousers and a white polo shirt. He has brown hair."

Er ist es! Du hast ihn gerade noch rechtzeitig entdeckt. Er wollte sich in diesem Moment beim Ausgang rausschleichen. Aber es fehlt ein wichtiges Werkzeug, um den Zug zu reparieren! Der Dieb hat es auf der Flucht fallen lassen und ein Passagier hat es gesehen:

"The screwdriver is under the fire extinguisher."

Puh! Dank dir kann der Fahrer im Handumdrehen die U-Bahn neu starten. Du hast nun genug Zeit dort unten verbracht. Auf nach oben: New York mit seinen Wolkenkratzern wartet!

RAINS DELAYED
2019

Panik in Rio

Seit du in Rio angekommen bist, wolltest du nur eines: die Umzüge der Samba-Schulen während des Karnevals erleben! Hoch oben auf einer Tribüne kannst du dieses großartige und farbenfrohe Spektakel verfolgen. Die Musik und die Tanzshows lassen die Tribüne vibrieren, aber plötzlich hört die Musik auf und die Tänzer beginnen zu rennen.

Aber was ist los? Du näherst dich der Parade und fragst einen Musiker auf Englisch, warum er aufgehört hat zu spielen. Er antwortet dir:

"People are running everywhere, I do not know why but I lost my drum. Can you help me find it?"

Natürlich dauert es mithilfe deines Detektivblicks nicht lange, sie zu finden und du sagst ihm:

"Your drum is just below the float with a mermaid on it."

Doch je näher du kommst, desto mehr geraten die Menschen in Panik. Eine Tänzerin packt dich am Arm und spricht dich auf Brasilianisch an. Sie stellt fest, dass du nichts verstehst und ruft dir auf Englisch zu:

"Help! There is a very big snake! Can you see it? It is near a dancer wearing a silver dress and a headdress with blue feathers."

Hast du sie gesehen? Gut gemacht! Da du vor nichts Angst hast, nimmst du die Schlange und schließt sie in der Kiste neben den Tribünen ein. Unter Applaus kann die Musik wieder weiterspielen! Viel Spaß beim Karneval!

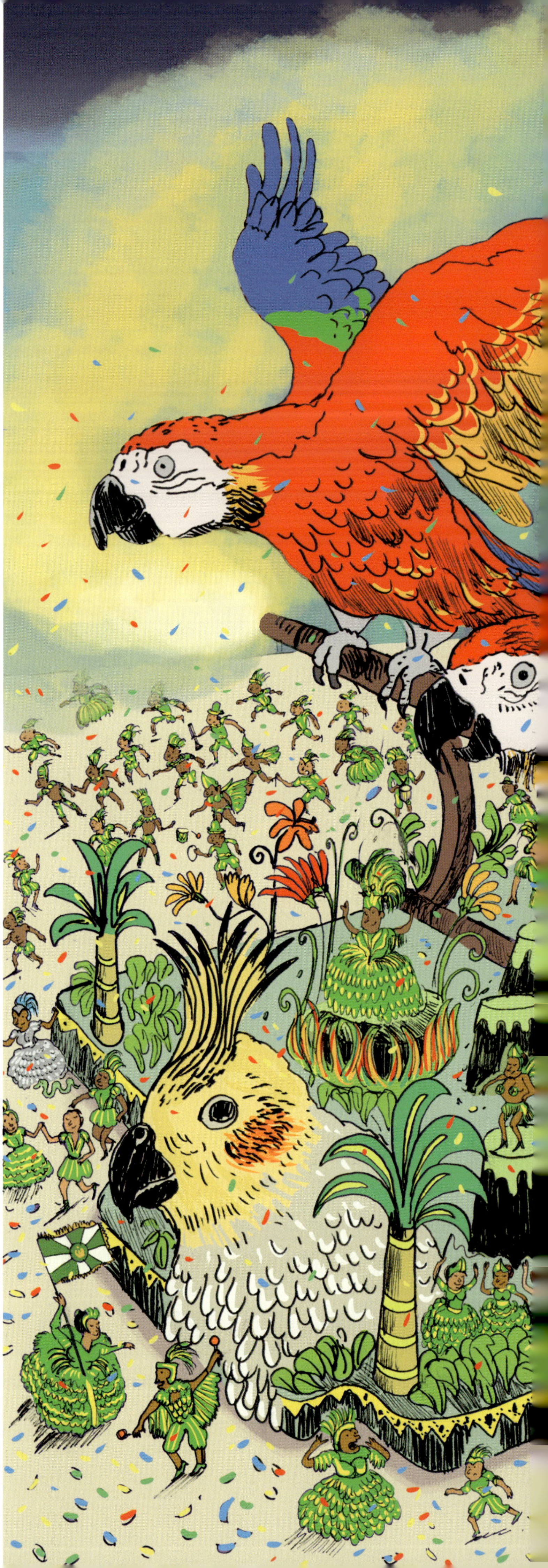

RIO

Wirrwarr auf dem Roten Platz

NEED SOME HELP?

spy

flag

ice rink

binoculars

sunglasses

jacket

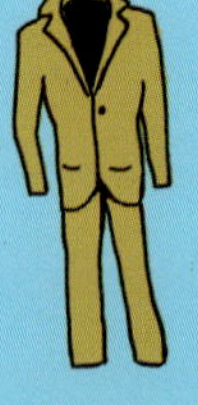

suit

tree

Ach, wie schön Moskau ist! Mit seinem eindrucksvollen Roten Platz, um den eine Kirche, ein Kaufhaus, eine Festung, ein Museum und ein Mausoleum liegen. In diesem Winter wurde genau in der Platzmitte eine riesige Eislaufbahn aufgebaut. Dein Detektivblick hat etwas am Boden entdeckt … Es ist eine Visitenkarte:

James Strong, British Secret Agent

Du hörst eine Stimme aus einem winzigen Lautsprecher, der heimlich in deinem Kragen versteckt wurde.

"My name is Strong, James Strong. Help me, please."

Er erklärt dir, dass eine russische Agentin ihm geheime Dokumente geben muss. Es sind aber Schweizer Spione hinter ihm her, die als Touristen getarnt sind. Sie wollen James daran hindern, seine Mission zu erfüllen, um sich an ihm zu rächen. Warum? Am Tag zuvor hat der britische Geheimagent die Spione beim Kartenspiel geschlagen! Du musst sie schnell finden, um zu verhindern, dass sie die Dokumente abfangen. James Strong hilft dir, sie zu identifizieren:

"One spy is holding a red flag. One has fallen on the ice rink. Another is looking through binoculars."

Perfekt! Du weißt genau, wo die Spione sind! Der Sprecher flüstert dir wieder neue Anweisungen in deinen Kragen, um die russische Agentin mit den Dokumenten zu finden:

"She is wearing sunglasses and a green jacket. She is skating with an envelope in her hand."

Gut gemacht! Du hast sie entdeckt! Jetzt musst du nur noch die Dokumente an James Strong übergeben. Er sagt zu dir:

"I am wearing a black suit. I am hiding behind a tree."

Puh! Dank dir hat James Strong die Dokumente zurück. Endlich kannst du selbst Spaß auf dem Eis haben.

James Strong -
British Secret Agent

FALL NR. 10

Der verlorene Schatz von Jerusalem

NEED SOME HELP?

uniform

to hold (held, held)

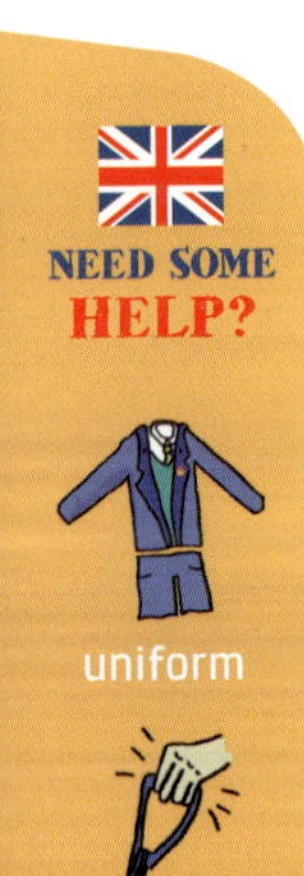

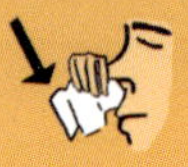
handkerchief

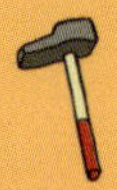
hammer

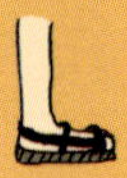
sandals

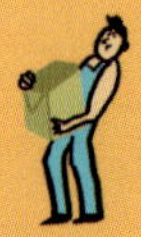
to carry (carried, carried)

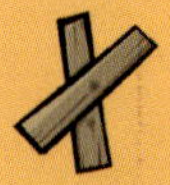
planks

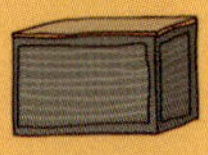
box

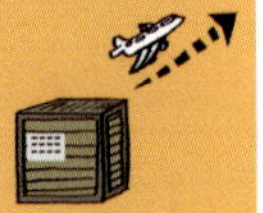
shipment

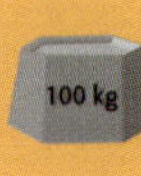

heavy

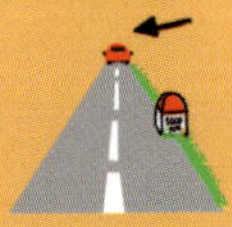
far

Jerusalem nimmt einen zentralen Platz in der jüdischen, christlichen und muslimischen Religion ein. Du nutzt deinen Aufenthalt in Israel, um die Grabeskirche zu erkunden, in der nach christlicher Tradition das Grab Christi und viele weltweit einzigartige Schätze aufbewahrt werden. Die wichtigsten Könige Europas waren sehr großzügig und haben dieser Kirche üppige Geschenke gemacht. Aber heute gibt es ein Drama! Ein Teil des Schatzes des Heiligen Grabes ist verschwunden. Um den Fall zu lösen, musst du zuerst den Sicherheitschef finden. Ein Wachmann sagt dir, wie er aussieht:

"He is wearing a grey uniform and is holding a white handkerchief."

Er erklärt, dass ein Teil des Schatzes für eine Ausstellung ausgeliehen werden sollte. Zwei Schreiner sind gekommen, um ihm bei der Herstellung einer Schutzkiste zu helfen. Der Sicherheitschef ist dann für ein paar Minuten auf die Toilette gegangen. Aber bei seiner Rückkehr waren der Schatz und die Schreiner verschwunden! Vielleicht haben sie ja den Schatz gestohlen?

One is very short and is holding a hammer. The other one is wearing sandals and is carrying planks.

Hast du sie gefunden? Glückwunsch! Aber es gibt nicht das geringste Anzeichen eines Schatzes weit und breit. Sie erklären dir:

"We put the treasure in a big wooden box for shipment."

Sie gingen für ein paar Minuten weg, um im Lieferwagen nach Holz und Nägeln zu suchen.

The box is very heavy so it cannot be too far!

Oh, aber da ist sie ja, gleich nebenan! Ein paar Touristen saßen auf der Kiste. Der Schatz hat das Heilige Grab also nie verlassen. Alle sind beruhigt. Du kannst den Stadtrundgang jetzt entspannt fortsetzen.

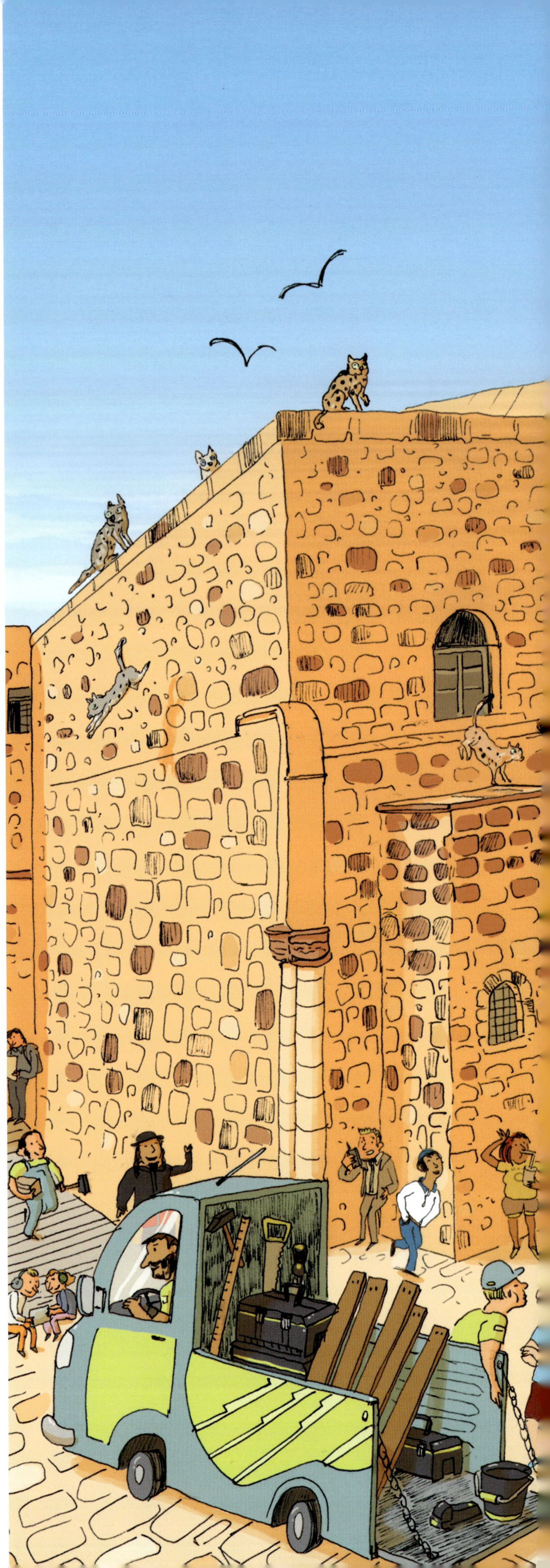

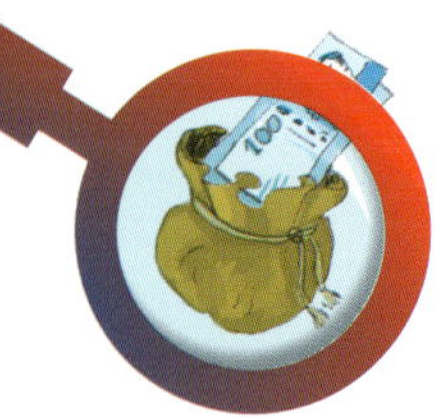

Überfall in Marrakesch

NEED SOME HELP?

thief

gun

money

scarf

stripes

bag

down

street

Deine Austauschschülerin in Marrakesch hat dir heute angeboten, dir den Souk zu zeigen. Dies ist ein traditioneller Markt in der Medina, der Altstadt von Marrakesch. Es gibt alles: Schmuck, Vasen, Stoffe, Parfüms ...

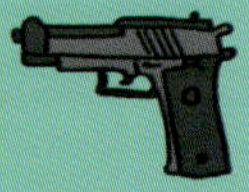

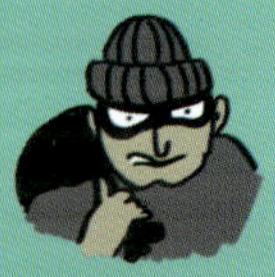

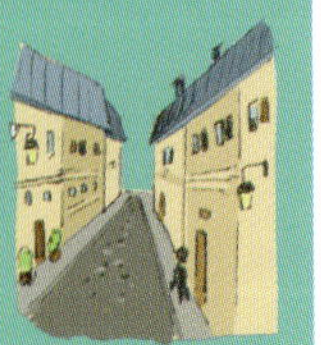

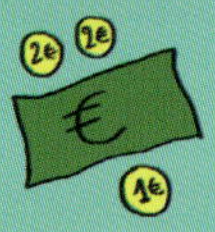

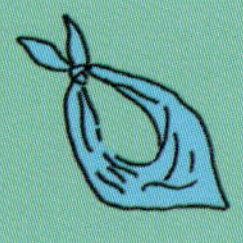

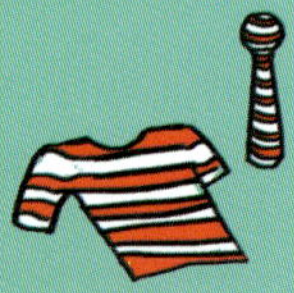

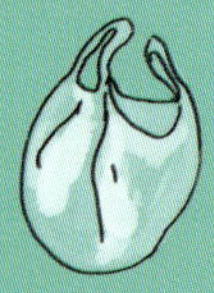

Doch plötzlich hörst du Schreie. Deine Austauschschülerin, mit der du Englisch sprichst, übersetzt für dich:

"Stop the thief! Stop the thief!"

Deine Austauschschülerin fragt den Händler, der geschrien hat, was passiert ist:

"A man with a gun! He stole all my money and a blue scarf!"

Seltsam! Aber wie genau sieht dieser Dieb aus? Es scheint leicht zu sein, ihn zu finden:

He is wearing a t-shirt with red and white stripes.

Das erinnert dich an jemanden ... Vielleicht hast du ihn irgendwo gesehen? Der Dieb muss sich auf jeden Fall in der Menschenmenge verstecken! Der Händler erinnert sich an ein weiteres wichtiges Detail:

"He put the money in a black bag."

Dies ist der Hinweis, den du noch gebraucht hast! Mithilfe deiner Luchsaugen wirst du ihn sicherlich leicht finden. Alles klar? Gut gemacht! Du warnst den Polizisten:

"The thief is down the street!"

Er wird sofort verhaftet. Als Dankeschön bietet dir der Ladenbesitzer einen Minztee und Honiggebäck an. Und weiter geht es mit dem Besuch des Souks!

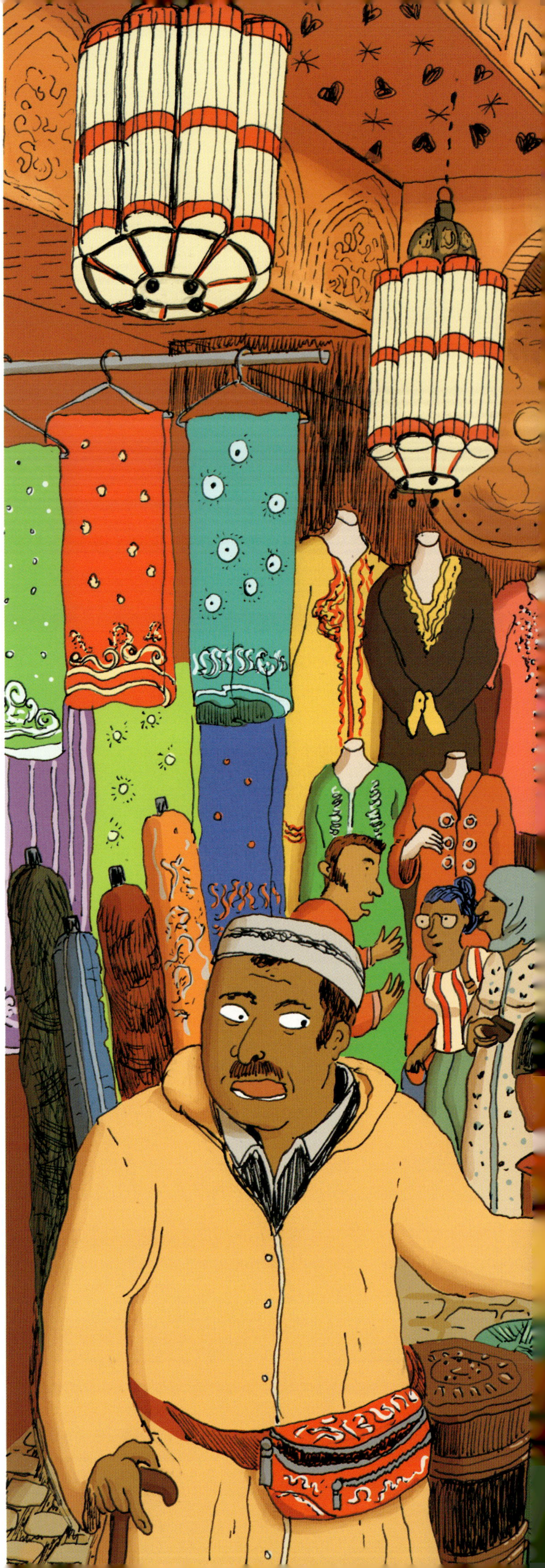

Fauler Trick in Dakar

spices

to weigh (weighed, weighed)

recipe

apron

scale

to lose (lost, lost)

frying pan

Heute bist du Teil der Jury, um das beste Bassi-Salté in Dakar zu wählen! Dies ist ein senegalesisches Gericht aus Hirsegrieß, Gemüse und Fleisch. Wirklich köstlich!

Der Wettbewerb wird gleich beginnen, aber Amadou, der Gewinner des letzten Jahres, ist verärgert. Jemand hat sein streng geheimes Rezept gestohlen. Amadou spricht Wolof, eine der vielen Amtssprachen des Landes, aber auch Englisch. Er erklärt dir, was sein Rezept einzigartig macht:

"I mix twelve different spices. And each spice must be accurately weighed for this recipe."

Du musst ihm helfen! Natürlich sind alle Wettbewerber verdächtig und der Schuldige ist sicherlich einer von ihnen. Es ist einfach, ihn zu finden:

He is wearing a white apron.

Amadou denkt an ein Detail, das dir helfen könnte, den Rezeptdieb zu identifizieren.

"He needs a scale to make my recipe!"

Großartig! Du hast ihn erwischt. Er erklärt den Grund für seine Tat:

"I have already lost three times! I want to win and Amadou is always the best."

Aber wo ist das Rezept?

The recipe is under the frying pan.

Dank dir kann der Wettbewerb beginnen und der Dieb des Rezepts wird disqualifiziert! Er kann erst nächstes Jahr wieder mitmachen. Um ihn zu trösten, bereitet Amadou auch ihm einen Teller mit Bassi-Salté zu. Oh ja, er ist nicht böse und diese Speise schmeckt noch besser, wenn man sie teilt!

Geheimnisvoller Diebstahl in der Oper von Sydney

score

music stand

cellist

flautist

backstage

cello

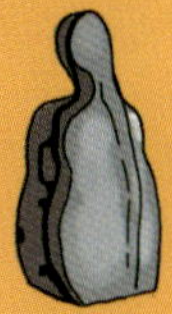

case

to sit (sat, sat)

Heute Abend übernachtest du in Sydney, der größten Stadt Australiens! Du hast eine Einladung zu einem Konzert in der berühmten Oper erhalten! Der Saal ist voll. Während du eine der größten Orgeln der Welt bewunderst, betritt der Dirigent die Bühne und verkündet:

"I'm really sorry but we have to cancel the concert! We have lost all our scores!"

Wie schade! Das ist ja echt seltsam. Die Notenblätter können doch nicht auf magische Weise verschwinden. Du solltest nachforschen. Auf die Frage „Wer hat die Notenblätter zum letzten Mal gesehen?" antwortet der Dirigent:

"All the scores were on the music stands. When I went backstage, only a cellist and a flautist were on the concert platform."

Vielleicht haben diese beiden Musiker etwas gesehen? Du bittest die Cellistin, dir zu erzählen, was sie auf der Bühne gemacht hat:

"I put my cello in its case and went backstage."

Die Flötistin antwortet:

"I waited on stage but there were no scores on the music stands."

Das ist unmöglich! Eine der beiden Musikerinnen lügt. Außerdem wundert dich ein Detail. Die Flötistin hat sich von Anfang an nicht von ihrem Stuhl bewegt. Du rufst:

"She is sitting on the scores!"

Toll gemacht! Mit einer kleinen Verzögerung kann das Konzert endlich beginnen. Aber es wird ohne die Flötistin stattfinden. Sie hatte die Notenblätter gestohlen, in der Hoffnung, die Aufführung werde abgesagt, weil sie nicht genug geübt hat. Aus Angst vor Spott hat sie die Nerven verloren! Aber dank dir ist ihr Plan gescheitert und die Musik kann endlich erklingen. Viel Spaß beim Konzert!

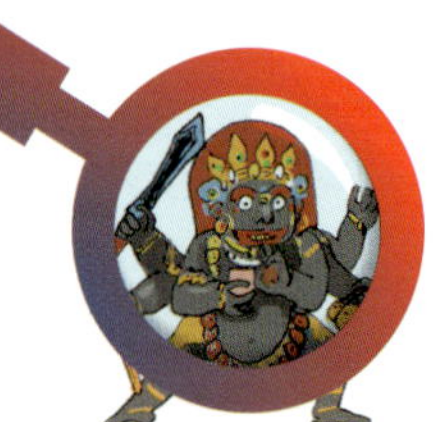

Es wackelt in Kathmandu!

NEED SOME HELP?

water bottle

to drop (dropped, dropped)

keys

to take (took, taken)

handbag

tail

monkey

stool

to grab (grabbed, grabbed)

roof

Bevor du den Mount Everest, den höchsten Berg der Welt, besteigst, hast du beschlossen, Kathmandu, die Hauptstadt Nepals, zu besuchen. Das ist ein guter Plan! Die Altstadt mit all ihren Tempeln ist großartig. Während du gerade Obst bei einem Händler einkaufen möchtest, erschüttert ein leichtes Erdbeben die Stadt! Dies ist in dieser Region nichts Unübliches, denn Erdbeben passieren hier häufig. Ein Mann ist verärgert. Er hat etwas verloren:

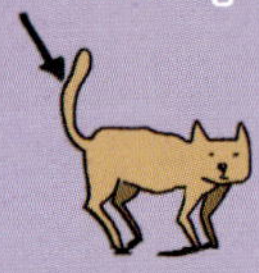

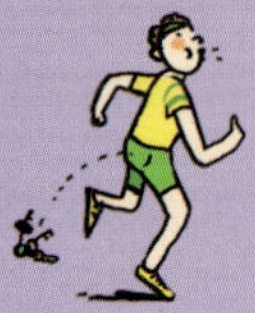

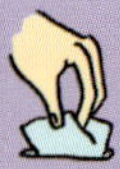

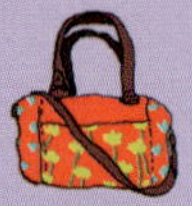

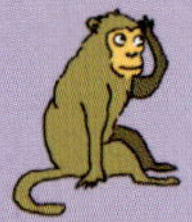

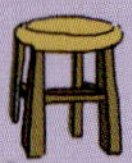

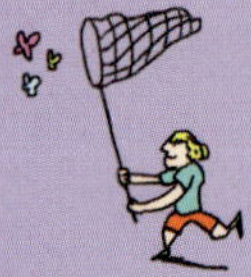

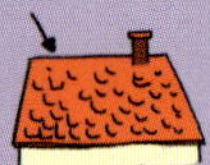

"Where is my water bottle?"

Ein anderer kratzt sich am Kopf und ruft:

"I dropped my keys."

Wenn du dich gut umsiehst, findest du sicherlich problemlos ihr Eigentum. Auf einmal wendet sich ein Tourist an dich:

"A dog took my handbag. Please, help me find it!"

Seltsam, aber den Dieb zu finden sollte kein allzu großes Problem sein, zumal der Tourist ein wichtiges Detail erwähnt.

"The dog does not have a tail!"

Super, du hast ihn gefunden. Aber so ein Mist! Da ist keine Handtasche in seiner Nähe. Dann erzählt dir ein Händler, was er gesehen hat:

"A monkey jumped up on the stool and grabbed the purse!"

Die Situation ist knifflig! Wo hat sich dieser Schlingel versteckt? Zum Glück sagt dir der Händler:

"Look up, on the roof, near the pigeons!"

Du hast die Tasche entdeckt. Und du hast jetzt auch verstanden, warum die Tiere von dieser Handtasche so begeistert waren. Sie war mit Schokoriegeln gefüllt! Der Fall ist abgeschlossen. Du kannst den Besuch nun fortsetzen, bevor du in den Himalaya aufbrichst.

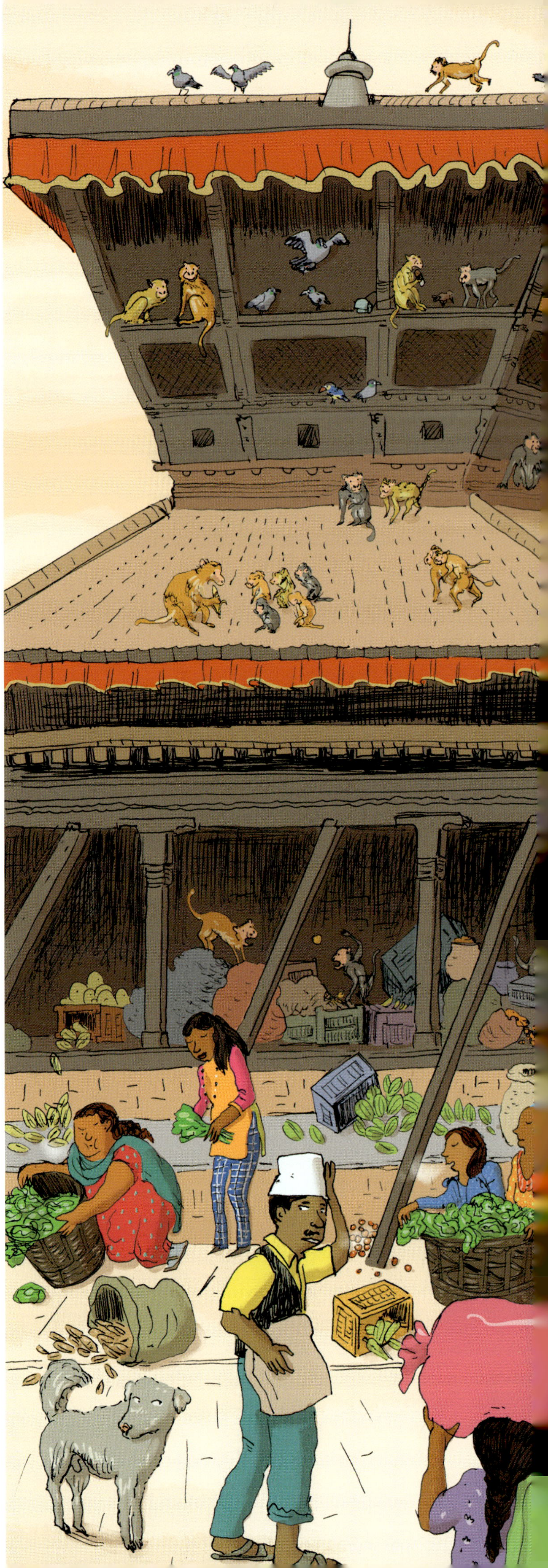

Gestrandet vor der Küste von Ushuaia

to cut
(cut, cut)

fishing line

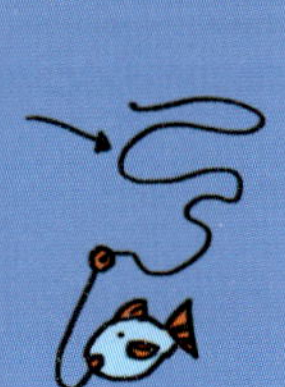

cable

sticky tape

to fix
(fixed, fixed)

beanie

kite

seashore

Willkommen in Ushuaia! Diese Stadt in Argentinien ist die südlichste der Welt! Sie ist der Ausgangspunkt für viele Expeditionen in die Antarktis. Aber du möchtest diese Gelegenheit lieber nutzen, um die Isla Martillo und ihre Pinguinkolonien zu besuchen. Doch kurz vor der Rückfahrt startet das Boot nicht. Der Kapitän schaut auf seinen Motor:

"It is sabotage! Someone cut through the cable!"

Aber wer könnte so etwas tun? Das ist blöd, weil ihr dadurch alle auf dieser Insel festsitzt! Ein Passagier hat alles gesehen! Er erklärt:

"A fisherman was cutting his line and accidentally cut through the cable!"

Der Fischer ist mit seiner blauen Mütze und den roten Handschuhen nicht schwer zu erkennen! Aber das löst das Problem nicht. Es muss eine Lösung gefunden werden, um das Kabel zu reparieren. Der Kapitän des Bootes sagt:

"I need sticky tape to fix the cable."

Dann erzählt dir eine junge Frau, dass sie vorher jemanden mit Klebeband auf dem Boot gesehen hat.

"He is wearing a blue beanie and he used sticky tape to fix his kite."

Hast du ihn gefunden? Gut! Damit kann der Kapitän das Boot reparieren. Aber was ist los? Der Kapitän ist immer noch schlecht gelaunt. Er hat seine Mütze verloren.

"I left it on the seashore, and now I can not find it."

Vielleicht siehst du sie? Um sich zu entschuldigen, lädt der Fischer euch alle ein, eine leckere heiße Schokolade zu trinken, sobald ihr zurück in Ushuaia seid. Klar, dass man so einen tollen Vorschlag nicht ablehnt ...

Tokio ohne Licht

screen

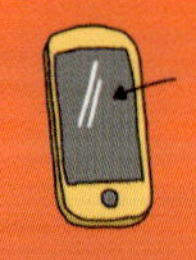

worker

manhole

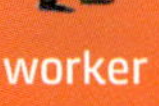

to unplug
(unplugged,
unplugged)

light

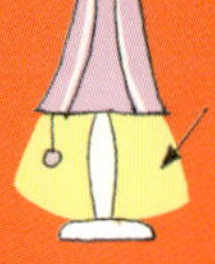

electrical
outlet

lamppost

hoodie

Akihabara ist eine der belebtesten Gegenden Tokios, der Hauptstadt Japans. Hier hast du beschlossen, Einkäufe zu erledigen, bevor du wieder nach Hause fliegst. Wenn es Nacht wird, tauchen die unzähligen Leuchtreklamen die Straßen in magisches Licht! Aber was ist heute Abend los? Als du gerade einen Manga-Laden betreten möchtest, geht die Hälfte der Lichter aus! Du gehst zu einem Polizisten und fragst ihn, was passiert ist. Er erklärt:

"The screens and illuminated signs have gone out!"

Schau dich gut um, es gibt sicherlich einen Grund für das Erlöschen der Lichter. Ein Passant sagt zu dir:

"Look! A worker is coming out of a manhole."

Plötzlich eilt ein Händler aus seinem Laden und beschwert sich laut, damit jeder ihn hören kann. Der Polizist übersetzt für dich:

"Someone has unplugged the lights. Again!"

Aber wo sind denn die Steckdosen? Du musst sie einfach nur wieder einstecken. Es ist dein Glückstag, sie sind nicht weit weg!

The electrical outlets are near the lamppost on the left side of the street.

Wenn du nach ihnen suchst, findest du auch schnell die Person, die für diesen Stromausfall verantwortlich ist! Anstatt dich direkt an ihn zu wenden, beschreibst du dem Polizisten den Schuldigen und den Grund für seine Tat:

"The man with a hoodie unplugged the screens to charge his phone. He is over there."

Ein paar Minuten später gehen die Lichter wieder an! Du musst dich beeilen, um deine Einkäufe zu erledigen, denn morgen fliegst du schon früh nach Hause. Nach dieser Welttournee hast du es verdient, dich ein wenig auszuruhen. Gute Heimreise!

カマージャォンプ
カトキ ヽ デン
秋山河参